# UN PROJET

## DE

# LOI ÉLECTORALE

PAR

## F. HEROLD

Docteur en droit, Avocat au Conseil d'Etat et à la Cour de Cassation



## PARIS

ERNEST THORIN, LIBRAIRE-ÉDITEUR

7, RUE DE MÉDICIS, 7

1er NOVEMBRE 1869

# UN PROJET

## DE

# LOI ÉLECTORALE

# LOI ÉLECTORALE

## EN PROJET

VERSAILLES. — TYP. CERF, RUE DU PLESSIS, 59.

# UN PROJET

## DE

# LOI ÉLECTORALE

PAR

## F. HEROLD

Docteur en droit, Avocat au Conseil d'Etat et à la Cour de Cassation.

# PARIS

## ERNEST THORIN, LIBRAIRE-ÉDITEUR

7, RUE DE MÉDICIS, 7

1<sup>er</sup> NOVEMBRE 1869

# UN PROJET

## DE

# LOI ÉLECTORALE

PAR

## F. HÉROLD

Docteur en droit, Avocat au Conseil d'État et à la Cour de Cassation.

PARIS

ERNEST THORIN, LIBRAIRE-ÉDITEUR

7, RUE DE MÉDICIS, 7

1er novembre 1880

Le droit d'initiative est restitué aux représentants
de la nation. La gauche radicale va pouvoir formuler
en projets de loi, ce programme que la France demande et dans lequel elle espère trouver les garanties
de sécurité qu'elle n'attend plus désormais des institutions monarchiques. Il s'agira de réaliser la sépara-
tion de l'Eglise et de l'Etat, de substituer la nation
armée à l'armée permanente, de réformer l'organisation judiciaire, d'émanciper les communes, d'éta-
blir la responsabilité des fonctionnaires du haut jusqu'en bas, d'assurer les libertés de la presse, de
réunion et d'association ; un peu plus tard, viendront
les modifications indispensables du régime financier
et des législations civile et criminelle. Mais il y a un
projet de loi qui prime évidemment les autres, et qui
en est comme le préliminaire obligé, c'est le projet
destiné à réformer la loi électorale actuelle. Il faut que
la source de la loi soit pure, et pour cela il faut que les
représentants émanent du pays votant sincèrement

et librement. Il serait superflu d'insister sur de telles vérités.

Il m'a paru utile d'offrir au jugement du public et aux réflexions du législateur, l'ensemble des dispositions qui pourraient, selon moi, constituer *la loi électorale*. Quelques études spéciales m'y ont encouragé.

J'ai donné à ces dispositions la forme même d'un projet de loi, en raison de l'avantage pratique; et j'ai exposé les motifs de mon projet dans les notes placées au bas des principaux articles, afin d'éviter les longueurs banales d'explications qui, pour être complètes, auraient dû, si j'avais adopté la forme ordinaire des *exposés de motifs*, s'étendre à ce qui s'explique de soi-même.

Il y a deux sortes de dispositions dans mon projet : des dispositions fondamentales, touchant à l'organisation politique du pouvoir législatif, et des dispositions réglementaires. J'ai donné beaucoup de développement à ces dernières, tant en ce qui se rapporte à la procédure de l'inscription sur les listes électorales qu'en ce qui se rapporte à l'organisation du scrutin. On me pardonnera de n'avoir pas négligé ces détails, fastidieux à la lecture et secondaires en apparence, mais en apparence seulement. J'ai voulu faire œuvre pratique et je puis affirmer que chacune des innovations réglementaires que je propose a sa raison d'être dans une difficulté que j'ai été à même de constater. Je n'ai pas la prétention d'avoir tout prévu et tout bien résolu; mais je pense que les

hommes en état d'apprécier ces questions reconnaî-
tront que j'ai cherché à trancher dans le moins de
mots qu'il se pouvait, et dans le sens le plus libéral,
le plus de controverses possible. Je serais heureux,
que mon travail contribuât dans une mesure quelconque, à faciliter ou à hâter des solutions qui im-
portent tant à l'application des idées démocratiques.

hommes en état d'apprécier ces questions reconnaî-
tront que j'ai cherché à trancher dans le moins de
mots qu'il se pouvait, et dans le sens le plus libéral,
le plus de controverses possible. Je serais heureux
que mon travail contribuât dans une mesure quelconque, à faciliter ou à hâter des solutions qui im-
portent tant à l'application des idées démocratiques.

# LOI ÉLECTORALE

## TITRE PREMIER

### Des électeurs [1]

---

#### ARTICLE PREMIER

Tous les citoyens sont électeurs, à la condition d'être inscrits sur la liste électorale (2).

---

(1) Je parle des électeurs avant de parler des corps élus. C'est, ce me semble, l'ordre logique, que la loi actuelle a le tort de renverser. De plus, en suivant cet ordre, j'indique immédiatement que ce sont les mêmes électeurs qui votent pour l'élection de tous les corps politiques : ce qui est bien le fait légal actuel, mais résultant de dispositions distinctes éparses en diverses lois.

(2) La formule que j'emploie ici a l'avantage de suppri-

## ARTICLE 2

Sont citoyens tous les Français âgés de vingt et un an accomplis, non privés de leurs droits civiques et sachant lire et écrire.

Cette dernière condition ne sera exigée que des citoyens âgés de moins de seize ans au moment de la promulgation de la présente loi (1).

---

mer la distinction entre les *électeurs* et les *électeurs inscrits*. Il n'y a véritablement d'électeurs que les électeurs inscrits, puisqu'il n'y a que ceux-ci qui puissent voter.

L'identité entre le citoyen et l'électeur non inscrit, qui résulte virtuellement de nos lois, n'y est exprimée nulle part. Je crois bon de l'exprimer et je saisis l'occasion que m'offre cette identité pour définir légalement le citoyen, ce que nos lois actuelles n'ont pas encore fait. Je n'ai pas cru pouvoir, dans une loi spécialement électorale, étendre cette définition jusqu'à l'énumération de tous les droits civiques qui découlent de la qualité de citoyen, tels que les droits de faire partie du jury et de la garde nationale. Cette généralisation devrait évidemment figurer dans un code politique complet.

(1) L'exigence nouvelle que je formule me paraît justifiée

## ARTICLE 3

Sont privés de leurs droits civiques :

1° les individus condamnés, pour délits non politiques (1), à une peine supérieure ou égale à trois mois d'emprisonnement, à moins qu'une disposition spéciale du jugement ne les relève de l'incapacité ;

---

par des raisons trop souvent débattues pour que j'aie besoin de les rappeler. Deux systèmes sont en présence : celui de la libre ignorance absolue et celui de l'instruction élémentaire obligatoire. J'adopte le second et je n'appuie mon choix que d'une seule observation : loin d'être contraire au principe du suffrage universel, le système que je préfère m'en paraît inséparable, le suffrage universel supposant l'homme suffisamment conscient de lui-même.

Le délai imparti aux futurs électeurs et la dispense accordée aux hommes qui ont déjà dépassé l'âge où l'on peut facilement apprendre font, ce me semble, disparaître jusqu'à l'ombre de toute objection qui serait tirée de considérations pratiques.

(1) Comment définir les délits politiques ? Ce n'est pas à la loi électorale de donner cette définition, qui est d'une

2º les individus condamnés, pour délits non politiques, à un emprisonnement de moins de trois mois, lorsqu'une disposition spéciale du jugement les frappe de l'incapacité (1).

---

application très-étendue. Je ne puis ici qu'exprimer un double vœu : 1º celui de voir disparaître les délits politiques ; 2º celui de voir les tribunaux, tant qu'il existera des délits politiques, interpréter cette dénomination de la façon la plus large, et notamment y comprendre tous les délits qui consistent principalement dans l'expression d'une opinion, quelle que soit cette opinion.

Aujourd'hui, « l'attaque au principe de la propriété » n'est pas considérée comme un délit politique, et en voici l'une des conséquences : M. Vacherot, l'éminent philosophe, condamné en 1860 comme coupable de ce prétendu délit, a été frappé d'incapacité électorale, et cette incapacité, perpétuelle de sa nature, n'a disparu que par le fait accidentel de l'amnistie du 14 août 1869. La susdite incapacité n'a pas empêché M. Vacherot d'être élu, en 1868, membre de l'Académie des sciences morales et politiques, et même de compter, dit-on, parmi ses électeurs, deux académiciens qui occupaient les deux postes les plus élevés hiérarchiquement de la magistrature. Un tel contraste n'est-il pas un scandale ?

(1) L'innovation introduite par cet article consiste à faire dépendre l'incapacité du taux de la condamnation prononcée

L'incapacité électorale ne peut cesser que par la
réhabilitation.

---

sans distinction entre les délits prononcés. Rien de plus arbi-
traire, ce me semble, que d'attacher, comme le fait la loi actuelle, l'incapacité à un délit et non à un autre, quand la
même peine est prononcée. Avec la latitude dont jouit le
juré ou le juge, tant au point de vue de la qualification du
fait qu'au point de vue de l'application de la peine, par
suite de l'existence d'un maximum et d'un minimum de
la peine et de la faculté d'admettre des circonstances atténuantes, le degré de criminalité est assez généralement
bien indiqué par la peine appliquée.

Ce système a, de plus, l'avantage de simplifier la loi. On
s'en convaincra en comparant notre article aux articles 15
et 16 du décret organique du 2 février 1852.

Le pouvoir donné au juré ou au juge de dispenser exceptionnellement le condamné de l'incapacité ou de la pronon-
cer exceptionnellement, me paraît se justifier par la nature
particulière de certains délits dont la répression matérielle
est, et quelquefois doit être, disproportionnée avec la gravité
morale du fait.

On remarquera que j'attache non-seulement l'incapacité
électorale mais la privation des droits civiques aux condamnations indiquées. Je ne crois pas cette sévérité exa-
gérée, surtout en admettant que notre organisation judiciaire soit réformée comme elle doit l'être. Il ne faut pas

## ARTICLE 4

L'exercice des droits civiques est suspendu :

par l'interdiction civile ;

par l'état de faillite ;

par le dépôt régulier dans une maison d'aliénés (1) ;

par la détention préventive régulière (2) ;

par l'état de contumace.

## ARTICLE 5

Les jugements rendus à l'étranger ont, pour l'application des deux articles précédents, les mêmes

---

oublier d'ailleurs que la réhabilitation s'offre toujours au condamné, à certaines conditions. Je crois cette institution destinée à se développer dans l'avenir.

(1) J'indique ici particulièrement la condition d'un dépôt *régulier*, à cause des abus qui peuvent exister en cette matière, même à supposer la loi actuelle réformée, ainsi qu'elle doit l'être.

(2) Observation analogue à celle de la note précédente.

effets que les jugements rendus en France, à moins que le condamné n'en demande la révision par un tribunal français, auquel cas il est procédé à cette révision par le tribunal le plus voisin du lieu où la condamnation a été prononcée à l'étranger (1).

---

(1) Cette disposition tranche une question controversée. La jurisprudence de la cour de cassation décide que les jugements étrangers ne peuvent emporter l'incapacité électorale. Je crois cette solution parfaitement exacte sous la législation actuelle; mais je ne puis m'empêcher de regretter qu'un Français condamné pour assassinat ou pour vol en Belgique ou en Suisse puisse être électeur en France. Je lui reconnais le droit de demander la révision de son procès par un tribunal national; mais, s'il se tient pour bien condamné, je ne saurais l'admettre à obtenir son inscription sur la liste électorale.

Le droit de faire réviser la condamnation doit, selon moi, pouvoir s'exercer à quelqu'époque que remonte la condamnation; malgré la difficulté que présentera la révision d'un jugement ancien. Il faut, entre deux inconvénients, choisir le moindre; et celui de donner nécessairement effet à un jugement rendu, par exemple, en Russie ou en Turquie, est de beaucoup le plus grave.

## ARTICLE 6

Il existe une liste électorale dans chaque commune.

Cette liste est permanente. Les citoyens y peuvent être inscrits à toute époque de l'année, suivant les formes qui seront ci-après déterminées (1).

Au mois de janvier et au mois de juillet de chaque année, le maire transmet au préfet le tableau des modifications opérées sur la liste, pendant les six mois précédents.

---

(1) Cette innovation me paraît à la fois juste et praticable. La loi actuelle met obstacle, pendant toute une année, au vote du citoyen qui n'a vingt et un ans que le lendemain de la clôture de la liste annuelle. Pourquoi cela ? vraisemblablement pour épargner du travail à l'administration. Or, cette raison fût-elle suffisante (et elle ne l'est pas), le système que je propose évite à l'administration une besogne que je crois plus onéreuse que celle de la révision permanente, c'est celle de la révision annuelle. La liste est facilement tenue au courant pendant toute l'année.

## ARTICLE 7

La liste électorale est publique. Elle reste affichée en permanence au secrétariat de la mairie ; elle doit être communiquée à tout requérant au secrétariat de la préfecture.

Tout citoyen peut en prendre copie soit à la mairie, soit à la préfecture.

## ARTICLE 8

La liste électorale est dressée et révisée par une commission municipale composée du maire et de deux membres du conseil municipal désignés chaque année par le conseil. En cas d'absence, le maire est remplacé par un adjoint ou par un conseiller municipal pris en suivant l'ordre du tableau (1).

---

(1) D'après la loi actuelle, c'est le maire qui dresse la liste ; la commission municipale n'est appelée qu'à statuer

## ARTICLE 9

La commission ordonne, soit d'office, soit sur réclamation, l'inscription :

1° de tous les citoyens natifs de la commune, qui y résident ;

2° de tous les citoyens non natifs de la commune qui y résident depuis six mois (1).

---

sur les réclamations. On se plaint souvent d'actes de partialité du maire. De là ma proposition.

La loi actuelle distingue, pour la composition de la commission municipale, entre Paris et les autres communes. Cette différence ne me semble pas avoir de raison suffisante. Elle n'en aura même plus d'apparente lorsque Paris aura recouvré son droit d'élire sa municipalité.

(1) La différence que j'établis entre les citoyens natifs d'une commune et les autres consiste en ceci : qu'aux premiers il suffit de résider actuellement dans la commune, fût-ce depuis un jour seulement, tandis que des autres on exige le fait d'une résidence de six mois. Cette différence se justifie, selon moi, par la garantie d'identité plus grande

Elle ordonne, de même, la radiation des électeurs décédés, devenus incapables ou absents de la commune depuis six mois, à moins, dans ce dernier cas, que l'électeur absent n'ait, par une déclaration notifiée au maire, manifesté son intention de retour dans le délai de deux ans ; passé ce délai, la radiation sera opérée (1).

## ARTICLE 10

Les militaires et marins en activité de service,

---

qui résulte du fait de la naissance dans la commune joint à la résidence réelle dans cette commune.

La double disposition qui précède a pour but de résoudre de très-nombreuses difficultés soulevées aujourd'hui relativement à l'inscription de citoyens qui se sont absentés d'une commune avec ou sans esprit de retour. Généralement on exige d'eux une nouvelle résidence de six mois dans la commune. Mon projet maintient cette exigence pour les non natifs et la repousse pour les natifs. Il y a bien des cas où il y aurait même raison de la repousser pour les non natifs que pour les natifs ; mais une loi ne peut jamais se plier à tous les cas particuliers.

(1) On comprend que ces dernières dispositions ont pour but de régler des difficultés pratiques.

sauf ceux qui sont placés en résidence fixe ou qui font partie de la réserve (1), sont inscrits sur la liste de la commune où ils résidaient lorsqu'ils sont entrés au service, et ne peuvent voter que dans cette commune.

## ARTICLE 11

Tout citoyen peut réclamer son inscription sur la liste électorale.

La demande d'inscription est adressée au maire et déposée au secrétariat de la mairie, avec les pièces justificatives, s'il y a lieu.

Le maire convoque la commission municipale, qui doit statuer dans les dix jours du dépôt de la demande. Passé ce délai, s'il n'est pas intervenu de décision contraire, la demande est ré-

---

(1) L'exception que j'introduis ici en faveur des militaires et marins placés en résidence fixe ou faisant partie de la réserve me paraît juste. La loi actuelle ne la fait pas.

putée admise et l'électeur est considéré comme inscrit (1).

## ARTICLE 12

Tout électeur inscrit sur une des listes du département peut réclamer l'inscription d'un citoyen, de la même manière que ce citoyen lui-même. En ce cas, le délai de dix jours mentionné au paragraphe troisième de l'article précédent est porté à vingt jours. Avis de la réclamation est donné par le maire à celui dont l'inscription est réclamée, cinq jours au moins avant la décision de la commission municipale.

Passé le délai de vingt jours à partir du dépôt, la réclamation est réputée admise, si le citoyen dont l'inscription est réclamée ne s'est pas opposé à l'inscription ; elle est réputée rejetée, dans le cas contraire.

----

(1) Cette disposition et les suivantes améliorent la réglementation actuelle et y ajoutent des sanctions nécessaires.

### ARTICLE 13

Toute demande d'inscription est affichée au secrétariat de la mairie à partir du dépôt jusqu'à ce
que l'inscription ait été réalisée sur la liste ou que
la demande ait été rejetée.

### ARTICLE 14

Tout électeur inscrit sur l'une des listes du département peut réclamer la radiation ou s'opposer
à l'inscription d'un citoyen.

Le citoyen dont l'inscription est contestée doit
être averti par le maire cinq jours au moins avant
celui où la décision est rendue. Passé le dixième
jour après le dépôt de la réclamation au secrétariat
de la mairie, la réclamation est réputée rejetée.

### ARTICLE 15

Il doit être délivré récépissé de toute réclamation.

En cas de refus, les frais de l'acte d'huissier constatant le dépôt de la réclamation sont à la charge du maire.


### ARTICLE 16


Les avertissements et la notification dont le maire est chargé par les articles précédents ont lieu sans frais, par l'intermédiaire d'un agent de la mairie.

En cas d'omission d'un de ces avertissements ou de la notification, ou d'inexécution de la disposition de l'article 13, le maire est passible d'une amende de cinq à cinquante francs.


### ARTICLE 17


Toute décision relative à une demande d'inscription ou de radiation est, sous la même peine d'amende contre le maire, notifiée, par un agent de la mairie, aux parties en cause, dans le délai de trois jours, et en même temps affichée au secrétariat de la mairie pendant dix jours au moins.

## ARTICLE 18

Les parties peuvent interjeter appel dans le délai de cinq jours à partir de la notification, ou de dix jours à partir du rejet présumé de leur demande.

Tous les électeurs du département, à l'exception des membres de la commission municipale qui ont pris part à sa décision (1), ont le même droit d'appel, dans le délai de dix jours à partir de l'affiche au secrétariat de la mairie.

---

(1) Cette exception résulte des principes généraux du droit (nul ne peut être juge et partie) et est consacrée par une jurisprudence constante de la cour de cassation. Je crois néanmoins utile de l'exprimer parce que rien n'est plus fréquent, en pratique, que les appels et surtout les pourvois en cassation formés par des membres de la commission municipale contre les décisions rendues par cette commission ou contre celles intervenues sur appel des dites décisions. L'article 24 ci-après, en n'accordant le droit de former le pourvoi en cassation qu'aux *parties*, étend à cette instance l'interdiction prononcée ici à l'égard de l'appel.

## ARTICLE **19**

L'appel est porté devant le juge cantonnal (1).
Il est formé par simple déclaration au greffe de
la justice cantonnale.

## ARTICLE **20**

Le juge statue dans les dix jours, après avertissement donné aux parties cinq jours à l'avance.

---

(1) Je substitue au *juge de paix* qui existe aujourd'hui
le *juge cantonnal* qui devrait le remplacer, selon moi, avec
des attributions plus vastes, dans une meilleure organisation judiciaire. Outre qu'elle serait plus exacte, l'appella-
tion de juge cantonnal éloignerait le souvenir de l'institution actuelle, devenue justement impoptilaire depuis que
le régime impérial a fait de tant de juges de paix de simples agents politiques.

Je reconnais toutefois que, pour rendre mon projet de
loi immédiatement acceptable, il faudrait mettre « juge de
paix » partout où j'ai mis « juge cantonnal. »

Cet avertissement rend la décision contradictoire, soit que les parties se présentent, soit qu'elles ne se présentent pas.

Passé le délai de dix jours, l'appel est réputé rejeté et la décision de la commission municipale maintenue.

### ARTICLE 21

Le juge compétent pour statuer sur l'appel, l'est également pour statuer sur toutes les difficultés qu'il présente, et notamment sur les questions d'état (1).

---

(1) Cette innovation peut paraître grave. Je ne lui trouve aucun inconvénient sérieux, étant donné l'effet purement relatif de la chose jugée. Cela serait surtout vrai dans le système d'organisation judiciaire qui élèverait le juge cantonal au rang, qu'il doit avoir, de tribunal de première instance.

## ARTICLE 22

La décision du juge est notifiée aux parties en cause dans les dix jours qui la suivent; sinon elle est réputée non avenue, et il en est de même que dans le cas prévu par le paragraphe troisième de l'article 20.

## ARTICLE 23

Si la décision a été rendue sans avertissement régulier donné aux parties, elles peuvent y former opposition dans les trois jours de la notification. Il est statué sur cette opposition à la première audience. La notification de la nouvelle décision a lieu comme il est dit en l'article 22.

## ARTICLE 24

Dans les dix jours qui suivent la notification de la décision définitive du juge cantonal ou dans les vingt jours qui suivent le rejet présumé de l'appel, les parties peuvent se pourvoir en cassation.

Le pourvoi est formé par simple déclaration, soit au greffe de la justice cantonnale, soit au greffe du tribunal de cassation.

Il est nul et non avenu s'il n'est pas notifié par les demandeurs en cassation aux autres parties en cause, dans les dix jours qui le suivent.

### ARTICLE 25

Lorsque le pourvoi a été formé au greffe de la justice cantonnale, les pièces et mémoires fournis par les parties sont transmis sans frais par le greffier de la justice cantonnale au greffier du tribunal de cassation, dans les cinq jours de la déclaration de pourvoi, s'il n'y a pas en cause de défendeurs en cassation à qui la notification prévue par le paragraphe troisième de l'article précédent doive être faite, et, dans le cas contraire, dans les cinq jours après l'expiration du délai de notification ; le tout sous peine d'une amende de cinq à vingt-cinq francs contre ledit greffier.

## ARTICLE 26

Le pourvoi en cassation n'a pas d'effet suspensif.

Le tribunal de cassation y statue comme sur affaire urgente.

La décision est transmise par les soins du ministre de la justice, au maire de la commune et affichée au secrétariat de la mairie sous la peine portée contre le maire par l'article 16 ci-dessus.

## ARTICLE 27

En cas de cassation, le juge cantonnal saisi par le renvoi du tribunal de cassation doit statuer dans les dix jours à partir du dépôt de l'arrêt de cassation fait à son greffe, par l'une des parties, ou de la citation donnée par lui aux intéressés à comparaître devant lui.

La disposition du paragraphe deuxième de l'article 20 est applicable.

Passé les dix jours, si le juge n'a pas statué, la décision est censée rendue conformément aux conclusions de la partie qui a obtenu la cassation.

## ARTICLE 28

Toutes les procédures dont il est parlé aux articles précédents ont lieu sommairement, sans aucuns frais et avec dispense de toutes dispositions fiscales ou réglementaires quelconques.

Les pièces à produire, et notamment tous actes de l'état civil, doivent être délivrées gratuitement par tout officier public.

## ARTICLE 29

Toute demande d'inscription ou de radiation d'un citoyen, fondée sur les mêmes motifs qu'une semblable demande déjà rejetée, ne peut être renouvelée même par d'autres parties, qu'un an après la décision qui a prononcé définitivement le rejet (1).

---

(1) Cette disposition tranche une controverse sur l'application des effets de la chose jugée en matière électorale;

## ARTICLE 30

Trente jours avant l'ouverture du scrutin pour une élection, il ne peut plus être fait d'inscription sur la liste électorale, soit d'office, soit sur des réclamations qui n'auraient pas été introduites antérieurement à ces trente jours (1).

---

elle la tranche dans un sens moins rigoureux que la jurisprudence actuelle, tout en faisant une part à l'intérêt de l'autorité chargée de statuer sur les demandes. La jurisprudence a voulu garantir cette autorité de la tracasserie qui consisterait à faire reproduire successivement une même réclamation par un grand nombre d'électeurs. Mon projet lui accorde cette protection mais pendant un an seulement. Il ne faut pas qu'une réclamation juste puisse être indéfiniment écartée.

(1) Cette interdiction a un double but : empêcher les inscriptions, plus ou moins sincères, faites dans un délai trop court pour que le juge puisse les contrôler ; permettre à tous les citoyens d'être fixés quelques jours à l'avance sur le nombre des électeurs et la composition des listes électorales,

Mais les citoyens porteurs d'une décision du juge cantonnal ou du tribunal de cassation qui admet ou confirme leur inscription ou annule la radiation prononcée contre eux, seront admis au vote.

# TITRE II

## De l'élection des députés au corps législatif


### ARTICLE 31

Le corps législatif se compose des députés de la nation, élus directement par tous les électeurs réunis en colléges électoraux.


### ARTICLE 32

Il y a, dans chaque département, autant de colléges électoraux qu'il y a de fois cent mille habitants (1). Toute fraction supérieure à cinquante mille habitants compte pour cent mille; toute fraction inférieure ne compte pas.

---

(1) On voit qu'en conservant la population pour base de la fixation des circonscriptions et du nombre des députés, je propose de substituer le nombre des habitants recensés à celui des électeurs inscrits.

Ce système, en adoptant les chiffres de mon projet, donnerait aujourd'hui à la France 382 députés de circonscriptions, qui, réunis aux 60 députés nommés conformément à l'article 35 de mon projet ci-après, formeraient un total de 442 députés. Ce nombre de députés me paraît suffisant, les assemblées très nombreuses ayant l'inconvénient de rendre trop souvent les discussions confuses. Cependant, j'admets qu'on ne le trouve pas assez élevé. On pourrait alors remplacer mes chiffres de cent mille et de cinquante mille par ceux de quatre-vingt mille et de quarante mille. Ces chiffres donneraient actuellement une Chambre de 531 députés, 471 députés de circonscriptions et 60 députés nommés conformément à mon article 35. Beaucoup de personnes ne trouvent pas ce nombre exagéré; et je dois reconnaître que, dans l'application, les groupes de quatre-vingt mille habitants se prêtent bien plus facilement que les groupes de cent mille à la répartition des cantons en circonscriptions électorales répondant à la division la plus ordinaire des intérêts locaux.

La raison qui me fait préférer le nombre des habitants à
celui des électeurs est facile à comprendre. En général, le
nombre des citoyens pouvant être électeurs à la condition
d'être inscrits, est d'un peu plus du quart de la population ;
mais comme la plupart des inscriptions ont lieu d'office, il
peut dépendre de l'administration d'augmenter ou de di-
minuer dans une certaine mesure le nombre des électeurs
et par suite celui des députés, si ce dernier nombre est
fixé d'après le premier ; il n'en est plus ainsi si c'est la
population toute entière qu'on prend pour base. Et ce
dernier système est parfaitement conforme à la justice :
1° parce qu'il est équitable de tenir compte jusqu'à un certain point de la population non électorale, laquelle a droit
à une sorte de représentation qu'exercent aujourd'hui pour
elle les électeurs ; 2° parce que, en définitive, la proportion
des électeurs à la population est partout, à très peu de
chose près, la même : sauf, je le reconnais, dans les très
grandes villes. Mais si, par suite de cette exception qui ne
se présente guère que pour sept à huit villes de France,
il arrive que Paris, Lyon, Marseille, Bordeaux, et quelques
autres cités ont une représentation un peu plus nombreuse,
le fait me semble se justifier par bien des raisons, dont la
principale est l'importance des intérêts qui se concentrent
dans ces villes et leur donne un rôle relativement supérieur

## ARTICLE **33**

Le tableau des circonscriptions territoriales de chaque collége est fixé par une loi révisée tous les dix ans au mois de janvier (1).

---

dans la vie politique du pays. Au surplus, d'après ma proposition, le département de la Seine, contre lequel l'objection serait plus particulièrement dirigée, n'obtiendrait encore que 22 députés ; il en obtiendrait 27 si, au lieu d'accorder un député à cent mille habitants, on en accordait un à quatre-vingt mille habitants. Ce ne sont pas là des chiffres exorbitants.

En somme, les propositions que je présente attribuent le député à 25,000 ou à 20,000 électeurs environ ; tandis que la loi actuelle l'attribue à 35,000 électeurs. Voilà la différence.

(1) Le droit que s'est arrogé le pouvoir exécutif de déterminer lui-même les circonscriptions ne trouvera guère aujourd'hui de défenseurs en dehors des commissaires du gouvernement. Inutile de s'arrêter sur ce point.

Une fois la circonscription déterminée, elle ne doit pas être modifiée trop fréquemment : il faut que les députés, à l'expiration de leur mandat, se retrouvent autant que possible en présence des mêmes électeurs. Mais il est évident

Les circonscriptions se composeront de cantons réunis ; un canton ne pourra jamais être divisé entre plusieurs circonscriptions (1).

---

que le mouvement de la population rend une révision nécessaire au bout d'un certain temps. Le terme de dix ans me paraît concilier ces deux intérêts.

J'indique le mois de janvier comme devant être celui où la révision sera faite par le législateur. Peu importe le mois, mais il faut en indiquer un ; trop de latitude aurait l'inconvénient de permettre d'espacer inégalement les révisions. Je sais bien que cette disposition ne peut avoir d'autre sanction que le respect du législateur pour la loi écrite ; mais ce respect agit incontestablement sur les assemblées.

(1) En faisant ici du canton une sorte d'unité territoriale, j'écarte un système qui compte aujourd'hui beaucoup de partisans et qui consisterait à prendre les arrondissements administratifs comme circonscriptions électorales.

Je ne me contente pas d'opposer à ce système la raison qu'on peut tirer de l'inégalité de population des arrondissements, inégalité qui est telle, que, dans le même département, il y a certain arrondissement qui compte une population quintuple de celle d'un autre. On me répondrait que l'on compensera jusqu'à un certain point cette inégalité en attribuant aux arrondissements plus peuplés un plus grand nombre de députés, d'après une progression déter-

Dans les villes divisées en plusieurs cantons, ces cantons ne peuvent être répartis dans des circonscriptions différentes, à moins que leur population réunie ne dépasse cinquante mille habitants (1). Dans les villes divisées en quartiers, les circons-

---

minée. Je me fonde, pour repousser l'arrondissement, sur une raison de principe : cette raison, c'est l'absence de vitalité qui caractérise, chez nous, l'arrondissement. Le département, le canton, la commune sont les divisions naturelles, vivantes du pays. L'arrondissement se meurt : on ne peut vouloir le ressusciter que dans l'intérêt des sous-préfets, dont la disparition sera, dans un avenir prochain, l'heureux résultat de la marche des choses, si nous ne la contrarions pas. Laissez donc faire et attachons-nous au canton.

Je ne veux pas dire qu'il n'arrivera jamais que l'arrondissement administratif réponde au groupement naturel d'un certain nombre de cantons ; mais quand cela sera, rien ne sera plus facile que d'accepter ce groupement sous le nom de circonscription électorale.

Généralement, en France, la division des cantons est suffisamment bien faite. C'est ce qui me fait interdire, dans mon projet, le fractionnement d'un même canton entre plusieurs circonscriptions.

(1) Ou cent vingt mille, dans le système indiqué dans la note sur l'article 32.}

criptions se composeront de quartiers réunis ; un quartier ne pourra être divisé entre plusieurs circonscriptions (1).

## ARTICLE **34**

Chaque circonscription électorale nomme un député (2).

## ARTICLE **35**

Il est facultatif à tout électeur d'écrire deux noms sur son bulletin.

Le premier nom sera celui du citoyen qu'il désigne pour être député de la circonscription. Le se-

---

(1) On comprend la raison de ces dispositions, qui est de maintenir l'unité des villes, détruite par le régime actuel.

(2) J'écarte le scrutin de liste, malgré certains avantages relatifs, sur lesquels il serait superflu de m'étendre. Il a un inconvénient réel et grave : c'est de mettre trop souvent l'électeur dans la nécessité de voter pour des hommes inconnus de lui. L'élection au scrutin de liste donne une grande influence aux comités : or, les tendances actuelles du suffrage universel sont d'agir par lui-même ; et ces tendances sont légitimes.

cond nom sera celui d'un citoyen qu'il désire voir élu représentant de la nation, soit dans la circonscription, soit ailleurs.

Les deux noms peuvent être celui du même citoyen, mais dans ce cas le bulletin ne comptera jamais que pour un suffrage dans le scrutin de la circonscription.

Le second nom sera écrit à la main sous peine de nullité.

Les suffrages accordés au moyen de l'inscription d'un second nom sur le bulletin sont recensés dans toute la France, et les soixante (1) citoyens qui en ont obtenu le plus grand nombre, font partie de la représentation nationale, pourvu qu'ils réunissent un nombre de voix égal au moins à celui obtenu par le député de circonscription qui a été élu avec le moins de suffrages (2).

---

(1) Ce chiffre de soixante se rapporte à une première élection embrassant le renouvellement général du Corps législatif. Cette disposition doit se combiner avec celle du dernier paragraphe de l'article 37, qui règle le renouvellement partiel du Corps législatif.

(2) Voici tout un système nouveau, que je crois propre à donner d'excellents résultats, mais qui, je ne me le dissi-

mule pas, surprendra beaucoup d'esprits, et, par là même, ralliera d'abord peu d'adhésions.

Mon but est triple :

1° Il y a des hommes ayant une grande notoriété politique, dont la présence dans le Corps législatif est désirable et qui, cependant, faute d'une situation locale ou pour tout autre motif, ne peuvent être élus dans aucune circonscription particulière. Je crois que le système que je propose leur assurerait presque toujours leur entrée à la Chambre.

Prenons un fait. Aux dernières élections générales, M. Jules Favre a failli ne pas être nommé député. Il était candidat dans un grand nombre de circonscriptions. Certes, ce n'est pas à lui qu'une situation locale était nécessaire pour être élu, du moins dans plusieurs de ces circonscriptions. Mais des circonstances très-diverses compromettaient son succès presque partout. Pourtant, on peut affirmer qu'il représentait l'opinion de plusieurs millions de Français, et l'on doit ajouter, non-seulement que sa présence à la Chambre était désirable et nécessaire, mais aussi qu'elle était considérée comme telle par l'immense majorité des électeurs mêmes qui ne votaient pas pour lui dans les circonscriptions où il était candidat. Avec le système du second nom écrit sur le bulletin, il ne peut guère être contesté qu'il eût été élu, dès le premier tour de scrutin, avec un nombre considérable de voix recueillies dans toute la France. Ce qui, d'abord, eût été un résultat excellent en ce qu'il aurait été nommé; et ce qui, en second lieu, eût été encore un bon résultat en ce que les électeurs de la circonscription de Paris qui l'ont élu au second tour de scrutin, n'auraient pas été obligés de sacrifier, comme beaucoup l'ont fait (et l'ont fait avec raison, dans une semblable circonstance) leur sympathie intime, qui appartenait à d'autres candidats, à l'intérêt politique supérieur qui exigeait que M. Jules Favre, l'un des premiers orateurs de la gauche, rentrât à la Chambre.

Ma proposition, sous le premier rapport dont je m'occupe, n'a pas pour unique effet de permettre à des Jules Favre de faire partie du Corps législatif; le cas est trop exceptionnel. Mais il y a des personnalités moins élevées à qui elle profiterait justement. Tel rédacteur de journal, par exemple, lu et approuvé par un grand nombre de citoyens, qui ne songera jamais à se présenter dans une circonscription déterminée, se trouverait élu par ses lecteurs. Quoi que certains critiques en puissent dire, je pense que cela serait juste. Dans tous les cas, ce serait une manifestation très-utile de l'opinion du pays. Des savants, des représentants d'une idée spéciale, qui n'ont aucune chance d'arriver autrement, seraient élus presque certainement. Ceci m'amène à mon second point.

2° Je crois que le système que je propose aurait pour conséquence, non pas nécessaire, mais extrêmement probable, de procurer une certaine représentation aux minorités.

Pour mon compte, je suis partisan de la représentation
des minorités, représentation qui me paraît tout à la fois utile
à la majorité et indispensable à la minorité, je devrais peut
être dire utile à la minorité et indispensable à la majorité.
Je ne m'étends pas sur ce sujet, parce que je pense que la
seule objection que puissent opposer les esprits exacts et
équitables est celle qui se tire de la difficulté pratique de l'organisation de cette représentation. J'avoue que cette difficulté est grande et que les systèmes proposés jusqu'ici, dont
certains sont d'une complication extrême, ne me semblent
pas applicables dans notre pays. Je conviens encore que
ce que je propose ne donne pas satisfaction complète à la
pensée qui m'anime ; mais une demi satisfaction vaut
encore mieux que rien.

Il est bien rare que les minorités n'aient pas à leur tête
ou parmi leurs défenseurs quelques hommes éminents.
Ces hommes ont des chances considérables de réunir un
grand nombre de voix en France, alors même qu'ils n'en
pourraient réunir, dans aucune circonscription déterminée,
un nombre suffisant pour être élus. Ajoutons que les minorités peuvent s'entendre et se concerter jusqu'à un certain point et que, ne se concertassent-elles pas, elles peuvent marcher d'accord dans tout le pays. Les groupes d'électeurs disséminés sur le territoire de la France, impuissants
dans chaque circonscription à cause de leur petit nombre,
peuvent former une masse considérable dans le pays. D'où
je conclus que, quoiqu'à la rigueur il fût possible que les
soixante noms ayant le plus de voix dans toute la France

appartinssent tous à la majorité, il est du moins très-vraisemblable que le système proposé amènerait l'élection de quelques représentants des minorités.

Aux élections générales de 1857, l'opposition radicale obtint à peine quelques élections, et seulement à Paris et à Lyon. Cependant, dans le pays, bon nombre de démocrates radicaux obtinrent des voix, qui se sont trouvées perdues. Ils en auraient obtenu un bien plus grand nombre si les électeurs de toute la France avaient su pouvoir émettre en leur faveur un suffrage utile. La même observation, se présente avec une force de plus en plus grande, à propos des élections de 1863 et à propos de celles de 1869. On peut dire hardiment, en réduisant nos chances aux supputations les moins favorables, que l'opinion représentée par la gauche dite extrême du Corps législatif eût obtenu trois ou quatre fois plus d'élections si, partout, les électeurs eussent pu utilement inscrire sur leurs bulletins, après le nom du candidat de leur choix pour la circonscription, le nom de l'un de ces orateurs populaires dont les idées répondent en définitive aux sentiments intimes d'une fraction énorme, peut être de la majorité de la population, alors même que celle-ci n'est point assez énergique pour les préférer, dans la circonscription, à un candidat local.

Je ne parle pas ici dans l'intérêt exclusif d'un parti ; je parle dans l'intérêt de tous ceux qui ne sont pas absolument dépourvus d'hommes importants. A toute époque,

Berryer eût trouvé en France un assez grand nombre d'électeurs pour le maintenir toujours dans nos assemblées.
Quant aux partis qui n'ont pas d'hommes, s'ils ne sont
pas représentés lorsqu'ils deviennent minorité, le fait sans
doute est regrettable ; mais on peut dire qu'il est sans intérèt, puisque s'ils étaient représentés, ce serait vraisemblablement par des incapables.

3° Un résultat, certain celui-là, du système que je propose, serait de réunir un nombre très-considérable de suffrages sur quelques hommes politiques d'une notoriété exceptionnelle et appartenant au courant des idées en faveur
au moment de l'élection.

On peut m'opposer cela comme une objection. Ces préférés du suffrage universel, dira-t-on, jouiraient d'un
prestige trop grand, d'une autorité morale trop absolue. Pour moi, dans ce prétendu inconvénient je vois
un avantage, dès que les députés élus avec cette sorte
de titre d'honneur n'ont pas de priviléges effectifs et
n'ont d'autres pouvoirs que ceux de leurs collègues, quels
qu'ils soient. L'autorité que donne le suffrage universel
est légitime. Même quand elle est attribuée à nos adversaires politiques, elle nous profite, puisqu'elle nous indique le véritable sens de l'opinion et qu'elle nous montre
ainsi de quel côté nos efforts doivent se diriger et à quelle
force adverse nous avons affaire.

Sous le régime actuel, le fait d'un grand nombre de suffrages recueillis par certains élus, se produit au moyen des candidatures multiples. C'est ainsi que M. Jules Simon a réuni sur son nom un nombre de suffrages de beaucoup supérieur à celui obtenu par ses collègues les plus favorisés après lui. Il résulte de là une indication précieuse sur les tendances et les allures de l'opinion. Mais avec le vote simple, la manifestation n'est possible que dans les circonscriptions où la candidature spéciale de l'homme qui répond au sentiment public est posée. Combien ne serait-elle pas plus significative si elle pouvait se produire dans toute la France !

Je viens, en exposant mes vues, d'examiner une objection possible contre la disposition de mon article 35. Assurément, on en peut faire d'autres.

On ne m'opposera cependant pas, je l'espère, une prétendue difficulté d'application. Rien n'est plus simple pratiquement. J'ai eu soin plus loin de régler ce qui est relatif au dépouillement des seconds noms (article 43 du projet).

Dira-t-on que l'électeur ne comprendra pas, sera troublé ? Je ne crois pas cela bien sérieux. L'explication du mécanisme de l'article 35 est facile à donner ; et l'éducation des électeurs se fait ordinairement avec une rapidité surprenante.

Craindra-t-on que certains candidats, universels pour ainsi dire, surprennent par la brigue et les démarches de toutes sortes, un nombre de suffrages assez grand, sur l'étendue du territoire français, pour être élus ? Le fait pourra bien se produire, mais je ne crois pas qu'il se renouvelle fréquemment. Il serait d'ailleurs sans inconvénient bien grave, dès qu'il ne se généraliserait pas.

Je persiste donc à croire juste, utile et pratique, ma proposition formulée dans l'article 35.

Quant aux détails de la disposition, ils me semblent se justifier facilement.

Il faut permettre à l'électeur de reproduire deux fois sur son bulletin le même nom ; sinon, il se produirait un désavantage pour le citoyen qui, étant candidat dans une circonscription déterminée, a en même temps chance d'être élu par les suffrages de toute la France. Les électeurs de la circonscription seraient réduits à risquer de lui faire manquer une des deux élections pour lui assurer l'autre, et sans y parvenir peut-être.

Enfin, il m'a semblé qu'on ne devait pas accorder le mandat législatif à un citoyen qui ne réunirait qu'un très-petit nombre de voix alors même qu'il n'y en aurait pas soixante autres qui en auraient obtenu plus que lui. Le droit des minorités a ses limites. Mais quel chiffre fixer ? Il m'a semblé que, dès qu'un membre de la chambre y siégeait en vertu d'un nombre de suffrages quelconque, on pouvait en admettre un second. De là, la disposition finale de mon article 35.

## ARTICLE 36

La loi attribuera des députés à l'Algérie et aux colonies, en conformant le plus possible ses dispositions aux principes ci-dessus établis (1).

## ARTICLE 37

Les députés sont élus pour trois ans (2).

---

(1) Je me borne ici à un renvoi, après avoir posé le principe de la représentation des colonies. L'application mérite une étude spéciale que je n'ai pas faite.

(2) Le vice des mandats trop prolongés est évident. Je n'admets pas le mandat impératif; il est absolument dérisoire, puisque ce sont précisément les hommes les plus capables de trahir un engagement qui hésitent le moins à l'accepter. Le seul vrai moyen de tenir le député dans la juste dépendance des électeurs qui l'ont nommé, c'est de le forcer à se représenter devant eux. Cependant, il ne faut rien

La Chambre est renouvelable par tiers (1).

L'ordre des renouvellements est déterminé par le sort, mais de telle façon que, dans les départements où il y a deux députés à élire, le renouvellement n'ait pas lieu la même année dans les deux circonscriptions; que dans les départements où il y en a trois à élire, le renouvellement ait lieu pour un chaque année; et enfin que dans les départements où il y a plus de trois députés à élire, le renou-

---

exagérer. Le mandat annal, que certaines personnes réclament aujourd'hui, lasserait les électeurs, aussi bien que le député dont il soumettrait parfois la réélection à l'influence de circonstances par trop passagères. Le mandat triennal est un terme moyen, qui me paraît tout concilier.

(1) Le renouvellement par tiers a le double avantage de ménager les transitions en modifiant sans cesse les éléments anciens d'une Chambre par l'élément nouveau, et de révéler la marche progressive ou même les fluctuations de l'opinion publique.

On objecte que les députés nouveaux auront une influence plus grande sur la Chambre que les anciens. Mais il est juste qu'il en soit ainsi dans une certaine mesure; et il faut avoir, en définitive, assez de confiance dans l'hon-

vellement se fasse autant que possible par nombre
égal chaque année (1).

Le renouvellement des députés élus en vertu de
l'article 35 a lieu par séries, de vingt chaque année,
formées par la voie du sort.

## ARTICLE 38

La Chambre est permanente.

---

nêteté et dans l'intelligence des représentants du pays
pour croire que cette mesure sera rarement dépassée.

Il ne faut pas oublier que, sous le régime du suffrage
universel, l'opinion publique est le souverain. Qu'elle s'é-
claire autant que possible et que sa manifestation soit
aussi libre et aussi sincère que possible! mais, après cela
elle doit être obéie.

(1) Le mode de réglementation que je propose pour le
renouvellement a pour but de créer une manifestation régulière de l'opinion non-seulement dans la France entière,
mais dans chaque département. Le sort complétement
abandonné à lui-même aurait pu placer dans la même
année le renouvellement du mandat de tous les députés
du même département, quel que fût leur nombre.

Elle seule peut se proroger (1) pour un temps qui ne peut dépasser quatre mois.

Pendant la prorogation, elle est représentée par une commission composée de son bureau élu (2) et d'au moins dix autres membres de la Chambre désignés par elle. Cette commission est chargée de rappeler la Chambre, s'il y a lieu; elle n'a pas d'autre droit.

## ARTICLE 39

Le renouvellement partiel de la Chambre a lieu, chaque année, le premier samedi et le premier di-

---

(1) Ce ne sont pas de récents évènements qui doivent faire revenir à ce principe de toutes les Constitutions républicaines; c'est l'évidence du droit du pouvoir législatif. Subordonner la réunion des représentants directs de la nation au bon plaisir du chef du pouvoir exécutif est un illogisme et une insolence.

(2) Le mode de désignation du bureau de la Chambre, n'est pas une question à résoudre par la loi électorale. Mais le principe de l'élection par la Chambre elle-même est maintenant admis par tout le monde.

manche de mai. Les électeurs sont convoqués de
plein droit pour ces jours, aux lieux ordinaires de
vote, s'il n'en a point été désigné d'autres par l'autorité compétente (1).


## ARTICLE 40


Le scrutin dure un jour dans les sections de
moins de six cents électeurs, et il a lieu le dimanche.
Il dure deux jours dans les sections de six cents
électeurs et au-dessus, et il a lieu le samedi et le
dimanche (2).

---

(1) Ceci est l'application de la souveraineté du peuple.

En outre, cette disposition supprime toute distinction
entre ce qu'on appelle actuellement la période électorale
et le reste du temps. On connaît d'avance le jour du vote
et l'on peut s'y préparer dès qu'on le sait. Je ne trouve pas
de raison suffisante aux limitations réglementaires de la loi
actuelle.

(2) L'inutilité et les inconvénients d'un second jour de
scrutin dans les petites sections me paraissent justifier l'innovation.

## ARTICLE **41**

Le vote a lieu au chef-lieu de la commune, si la liste électorale de la commune contient plus de trois cents électeurs ; dans le cas contraire, il a lieu au chef-lieu de la commune la plus voisine dont la liste électorale remplit cette condition.

Les communes de plus de douze cents électeurs peuvent être divisées en sections électorales par délibération du conseil général du département, sans que jamais il puisse être formé de section de moins de trois cents électeurs (1).

## ARTICLE **42**

Nul n'est élu député de circonscription, au pre-

---

(1) Il faut éviter les sections électorales trop peu considérables, parce que la surveillance du scrutin y est presque toujours nulle et parce que la pression locale peut s'y exercer trop facilement.

mier tour de scrutin, s'il n'a réuni la majorité absolue des suffrages et un nombre de voix égal au quart des électeurs inscrits dans la circonscription.

## ARTICLE 43

L'élection des députés dont il est parlé aux paragraphes troisième et quatrième de l'article 35 est faite sur le dépouillement des votes au premier tour de scrutin.

Le recensement de ces votes est opéré par le bureau du Corps législatif auquel le résultat des dépouillements de chaque département est adressé par les préfets, avec les pièces justificatives.

## ARTICLE 44

Le second tour de scrutin, pour l'élection des députés de circonscription, a lieu le troisième dimanche de mai. Cette fois le scrutin ne dure partout qu'un jour et la majorité relative suffit, quel que soit le nombre des votants. En cas d'égalité de suffrages, le candidat le plus âgé est élu.


## ARTICLE 45


Le député élu dans plusieurs circonscriptions doit faire connaître son option à la Chambre dans les trois jours qui suivent la validation de la dernière des élections validées. En cas d'élection comme député de circonscription et comme député nommé en vertu des paragraphes deuxième et troisième de l'article 35, l'acceptation de ce dernier mandat est obligatoire.


## ARTICLE 46


En cas de vacance par suite d'option, décès, démission ou annulation, le collége électoral qui doit pourvoir à la vacance se réunit le samedi et le dimanche qui suivent le vingtième jour après la notification du fait à la Chambre ou sa constatation par elle.

### ARTICLE **47**

Tous les citoyens sont éligibles au Corps législatif(1), sauf les exceptions portées ci-après aux articles 52 et 53.

Tout serment politique est aboli.

### ARTICLE **48**

Les députés ne peuvent être recherchés ni jugés en aucun temps pour les opinions émises par eux au sein du Corps législatif.

---

(1) J'ai toujours pensé que s'il y avait lieu de faire une différence entre les électeurs et les éligibles, c'était pour rendre l'éligibilité plus facile que l'électorat, sauf la question des incompatibilités. La seule différence établie ici entre l'électorat et l'éligibilité résulte de ce que l'inscription sur la liste électorale n'est pas exigée du citoyen pour être éligible tandis qu'elle lui est nécessaire pour être électeur.

## ARTICLE 49

Ils ne peuvent être poursuivis ni arrêtés en matière criminelle, sauf le cas de flagrant délit, qu'après autorisation du Corps législatif.

## ARTICLE 50

Les condamnations emportant privation des
droits civiques, entraînent révocation du mandat
législatif. Il en est de même des causes qui suspendent les droits civiques.

## ARTICLE 51

Toute fonction publique salariée est incompatible
avec le mandat législatif (1).

---

(1) Même celle de ministre.
Je ne suis pas, je l'avoue, partisan du retour, consacré

## ARTICLE **52**

Tout fonctionnaire salarié élu député est réputé démissionnaire de ses fonctions, par le fait de la validation de son élection, s'il n'a déjà fait connaître son option.

Aucun fonctionnaire public salarié ne peut être élu député dans tout ou partie du ressort où il a

---

par le nouveau sénatus-consulte, au système de la comptabilité des fonctions de ministre avec le mandat législatif. Ce rétablissement d'une des institutions les plus justement critiquées du régime parlementaire (Voir Bastiat, *Incompatibilités parlementaires*), me semble condamné par une conception plus démocratique de l'organisation du pouvoir exécutif. Que le chef ou les chefs du pouvoir exécutif puissent être pris dans l'assemblée des représentants, je le comprends, parce qu'il est impossible d'exclure du choix les chefs de partis qui figurent nécessairement dans cette assemblée. Mais les ministres doivent être de simples administrateurs placés à la tête des services publics. Ces services gagneraient à ce que les hommes qui les dirigent ne fussent pas mêlés aux luttes politiques proprement dites. En outre, le député ministre possède des moyens de pression électorale d'une puissance énorme. Enfin, le désir de posséder ces moyens ainsi que les autres avantages attachés à la situation de ministre, sans cesser pour cela d'être député, est une excitation permanente aux luttes personnelles dans le sein du parlement. Quoique l'opinion que j'émets ici ait triomphé en 1852, date néfaste, je ne puis l'abandonner, et la disposition du nouveau sénatus-consulte, inspirée vraisemblablement par des ambitions particulières, me paraît le contraire d'un progrès.

Quant aux autres fonctions publiques, leur incomptabilité avec le mandat législatif est tout aussi nécessaire. On est d'accord là-dessus quand il s'agit des fonctions subalternes. Pourquoi n'y est-on pas quand il s'agit de fonctions plus élevées? Supposons des raisons de principe. C'est, dit-on, parce qu'il faut accorder l'entrée de la Chambre aux capacités éprouvées dans ces fonctions et que, d'ailleurs, il y a tout à la fois injustice et inconvénients à ne vouloir pour représentants de la nation que des propriétaires, des industriels, des avocats et des médecins. Je réponds que les fonctionnaires peuvent entrer à la Chambre en renonçant à leur fonction : or, le mandat législatif vaut bien cette renonciation, aux yeux de ceux qui sont dignes de le remplir. Au surplus, il faut souvent choisir entre deux inconvénients, et la sagesse consiste à choisir le moindre : or les abus du système de la compatibilité entre les fonctions publiques salariées et le mandat législatif sont certains et scandaleux, inutile d'y insister.

exercé ses fonctions pendant les six mois qui sui-
vront la cessation desdites fonctions (1).


## ARTICLE 53


Aucun député ne peut être appelé à une fonction publique salariée, que six mois au plus tôt après la cessation de son mandat législatif (2).

---

(1) Dans ce second paragraphe de l'article 52, j'étends à tous les fonctionnaires salariés l'inégibilité temporaire dont la loi actuelle ne frappe que quelques grands fonctionnaires. Je crois cela nécessaire. L'influence de certains fonctionnaires subalternes est quelquefois plus redoutable que celle des plus élevés au rang.

(2) Ceci est un retour à la loi de 1849. Il est nécessaire pour éviter les scandales qu'autorise la loi actuelle.

Le terme de six mois après lequel le député peut devenir fonctionnaire salarié est peut-être bien court; mais l'incapacité ne doit pas toujours durer.

## ARTICLE 54

Ne peuvent être élus députés :

1° les citoyens chargés d'une fourniture pour l'État ou d'une entreprise de travaux publics, dans laquelle l'État est intéressé ;

2° les directeurs et administrateurs de chemins de fer.

Tout député qui se placera dans l'une des situations ci-dessus indiquées ou qui aura pris un intérêt dans une entreprise quelconque soumise au vote de la Chambre, sera réputé démissionnaire.

Tout marché passé par l'État avec un ancien député pendant l'année qui suit la cessation de son mandat, est nul. (1).

_______________

(1) Ceci est encore un retour nécessaire à la loi de 1849.

[illegible]

## ARTICLE 54

*Ne peuvent être élus députés:*

1° les citoyens chargés d'une fourniture pour l'État de l'une entreprise de travaux publics, dans laquelle l'État est intéressé;

2° les directeurs et administrateurs de chemins de fer.

*Tout député qui se placera dans l'une des situations indiquées ou qui aura pris un intérêt dans une entreprise quelconque soumise au vote de la Chambre, sera réputé démissionnaire. Tout marché passé par l'État avec un ancien Député pendant l'année qui suit la cessation de son mandat est nul. (1)*

---

(1) [illegible] un séjour [illegible] de la loi de
1849.

# TITRE III

# De l'élection des membres des conseils départementaux, cantonaux [1] et communaux

### ARTICLE 55

Il sera pourvu par une loi spéciale aux disposi-

---

(1) Dans un projet tout idéal, j'ai cru pouvoir substituer les *conseils cantonnaux* de l'avenir aux *conseils d'arrondissement* du présent. La Constitution de 1848 avait décrété le principe de cette substitution.

Dans un projet actuel, il faudrait tout simplement mettre les mots « conseil d'arrondissement » à la place des mots « conseils cantonnaux ».

tions concernant l'élection des membres des Conseils départementaux, cantonnaux et communaux (1).

---

(1) Ce renvoi est nécessaire, d'une part, pour ne pas trop étendre le projet, d'autre part, pour indiquer que tout ce qui concerne l'éligibilité et les conditions d'élection des membres des conseils sus-mentionnés se placerait dans une loi électorale complétement générale au même titre que les dispositions du titre II ci-dessus.

# TITRE IV

# De la préparation des élections [1]

## ARTICLE 56

Les associations et réunions électorales perma-
nentes ou accidentelles, formées sous le nom de
comités ou sous tout autre, avec ou sans affiliation

---

(1) Toutes les dispositions qui suivent doivent être communes aux élections des députés et à celles des conseillers
généraux, cantonnaux et communaux. Il en est de même,
des dispositions du titre V et de celles du titre VII.

avec d'autres, à quelque époque que ce soit, sont libres (1).


## ARTICLE 57


La publication, l'affichage, la distribution, le colportage de tous écrits électoraux quelconques, livres, brochures, professions de foi, circulaires, bulletins de vote ou autres, de quelque forme que ce soit, imprimés, manuscrits ou se produisant par tout autre procédé de copie, sont affranchis de toutes dispositions réglementaires ou fiscales quelconques (2).

---

(1) Je n'ai pas trouvé de formule plus large que celle que j'emploie. J'adopterais tout autre qui exprimerait plus énergiquement encore la substitution du régime de la liberté électorale absolue au régime actuel.

(2) Même observation ici que pour l'article précédent.

# TITRE V

# Du scrutin [1]

## ARTICLE 58

Les électeurs qui ont à procéder à une même élection, quel que soit le nombre des sections électorales, forment un même collége et ont le droit de

---

[1] Je crois utile de placer dans la loi électorale même. une série de dispositions concernant la tenue et le dépouillement du scrutin qui figurent aujourd'hui dans de simples règlements. Cela simplifie, et d'ailleurs en cette matière tout est important.

surveiller toutes les opérations du scrutin, dans quelque section que ce soit (1).


### ARTICLE 59


Le scrutin est dirigé, dans chaque section électorale, par un bureau composé d'un président, de quatre assesseurs et d'un secrétaire.

Le maire est président de droit ; à son défaut, la présidence passe à l'adjoint ou aux adjoints ou aux membres du conseil municipal pris dans l'ordre du tableau.

Les quatre assesseurs sont choisis : deux dans le conseil municipal en suivant l'ordre du tableau ; les deux autres parmi les électeurs présents au moment de l'ouverture du scrutin : si ces électeurs ne sont pas d'accord sur les choix à faire, le plus âgé et le plus jeune d'entre eux sont appelés.

---

(1) Je tranche ici dans le sens le plus large une question importante et controversée.

Le secrétaire est choisi, par le président et les quatre assesseurs, parmi les électeurs présents. Dans les délibérations, il n'a que voix consultative. Il rédige un procès-verbal.

### ARTICLE 60

Le président a la police de l'assemblée, mais il n'a, à lui seul, aucun pouvoir de décision à l'égard des difficultés soulevées par les électeurs et sur lesquelles le bureau a à statuer.

### ARTICLE 61

Le bureau ne peut délibérer qu'au nombre de trois membres, qui doivent toujours être présents pendant le cours des opérations.

Il prononce à titre provisoire sur les difficultés qui peuvent s'élever.

Les réclamations et décisions sont inscrites au procès-verbal ; les pièces ou bulletins litigieux y sont annexés, après avoir été paraphés par le bureau.

### ARTICLE **62**

Les électeurs doivent avoir la faculté de circuler autour de la table où siège le bureau et sur laquelle est placée la boîte du scrutin.

### ARTICLE **63**

Nulle force armée ne peut être placée dans la salle ou à ses abords, à moins que le président ne l'y appelle.

Nul électeur ne peut entrer dans la salle du scrutin étant porteur d'armes.

### ARTICLE **64**

Les électeurs sont appelés au vote à mesure qu'ils se présentent.

S'ils se présentent plusieurs à la fois, ils sont appelés dans l'ordre de la liste.

## ARTICLE 65

Les bulletins ne sont reçus que renfermés dans
des enveloppes closes, d'un modèle uniforme, mises
à la disposition des électeurs dans une salle voisine
de la salle du scrutin.

Les bulletins eux-mêmes doivent être sur pa-
pier blanc et ne porter aucun signe de reconnais-
sance (1).

## ARTICLE 66

Les votes sont déposés, par le président, dans
une boîte fermée à deux serrures différentes et dont

---

(1) Les précautions pour assurer le secret des votes sont
toujours quelque peu humiliantes ; mais elles sont nécessaires et le seront sans doute pendant longtemps encore.
L'idée du premier paragraphe de l'article est empruntée à
une réclamation plusieurs fois présentée par M. Malézieux.

les clefs sont déposées avant l'ouverture du scrutin l'une entre les mains du président, l'autre entre les mains de l'assesseur le plus âgé.

## ARTICLE 67

— Le vote de chaque électeur est constaté par le paraphe d'un assesseur mis en marge du nom de l'électeur, sur une copie de la liste électorale.

## ARTICLE 68

Lorsque le scrutin dure deux jours, il est ouvert le premier jour de huit heures du matin à six heures du soir, le second jour, de huit heures du matin à quatre heures du soir.

L'ouverture du scrutin peut être avancée par arrêté du maire, affiché au moins huit jours à l'avance à la porte de la mairie, mais elle ne peut être fixée avant six heures du matin.

La clôture du scrutin ne peut avoir lieu avant les

heures ci-dessus indiquées, à moins que tous les électeurs de la commune n'aient voté et qu'il ne se trouve au moins dix électeurs présents et pouvant, s'ils le veulent, surveiller le dépouillement du scrutin.

Quand le scrutin ne dure qu'un jour, il doit rester ouvert au moins pendant dix heures, sauf le cas prévu par le paragraphe précédent.

### ARTICLE 69

Quand le scrutin dure deux jours, la boîte est déposée pendant la nuit dans une salle close dont toutes les ouvertures doivent être scellées.

Les scellés doivent également être apposés sur les ouvertures de la boîte. Les électeurs présents ont le droit d'apposer leurs cachets particuliers sur ces scellés.

### ARTICLE 70

Après la clôture définitive du scrutin, le dépouillement se fait publiquement.

La boîte du scrutin est ouverte, et le nombre des bulletins est vérifié. Si ce nombre est supérieur ou inférieur à celui des votants, le fait est constaté au procès-verbal.

Si le nombre des votants est inférieur à trois cents, le bureau opère lui-même le dépouillement. Un de ses membres appelle les noms, un autre inscrit les votes, un troisième surveille ces opérations.

Si le nombre des votants est supérieur à trois cents, le président divise les bulletins entre le bureau et des bureaux de dépouillement supplémentaires composés chacun de trois électeurs au moins et qui fonctionnent comme le bureau lui-même, sans pouvoir toutefois trancher les questions douteuses, lesquelles sont décidées par le bureau.

Tous les électeurs présents sont admis à formuler leurs observations.

## ARTICLE 71

Tous les bulletins, quels qu'ils soient, trouvés

dans la boîte, entrent en compte pour le calcul des majorités (1).

Les bulletins blancs, ceux ne contenant pas une désignation suffisante et ceux indiqués au paragraphe deuxième de l'article 65 sont annexés au procès-verbal.

ARTICLE 72

Le résultat du dépouillement est immédiatement proclamé. Le procès-verbal est lu à haute voix et adopté après insertion des réclamations et observations qui peuvent être faites par les membres du bureau ou les électeurs présents.

Puis, les bulletins non annexés au procès-verbal sont brûlés publiquement.

---

(1) Il me semble juste de tenir compte même d'une manifestation négative d'opinion. C'est à tort que la loi actuelle supprime moralement les votes d'abstention.

## ARTICLE **73**

Quand le collége électoral est divisé en plusieurs sections, le président de chaque section, après le dépouillement, en porte le résultat au président de la section du chef-lieu, qui, lorsque les résultats de toutes les sections sont connus, en opère le recensement et proclame le résultat général.

## ARTICLE **74**

Après cette proclamation, les procès-verbaux sont adressés et conservés au Corps législatif, à la préfecture, à la mairie du chef-lieu de canton ou à celle de la commune, selon qu'il s'agit d'élections de députés, de conseillers généraux, de conseillers cantonnaux ou de conseillers communaux.

# TITRE VI

## Des recours

### ARTICLE 75

Les opérations relatives à l'élection des députés au Corps législatif sont vérifiées par la Chambre qui prononce la validité ou la nullité de l'élection.

### ARTICLE 76

Tout électeur d'une circonscription peut protester contre l'élection dans les dix jours qui suivent la proclamation du résultat. Passé ce délai, le droit de contester la validité de l'élection n'appartient plus qu'aux membres de la Chambre.

## ARTICLE 77

Les recours contre les élections des conseillers généraux, cantonnaux ou communaux seront réglés par la loi spéciale à ces élections.

# TITRE VII

## Des infractions pénales

ARTICLE **78**

Sera puni de la réclusion quiconque se sera rendu coupable d'irruption avec violence dans une salle de scrutin ou de violation de ce scrutin avec ou sans violence.

Si la violation du scrutin a eu lieu par un membre du bureau ou par un agent de l'autorité, la peine sera celle des travaux forcés à temps.

## ARTICLE 79

Sera puni d'un emprisonnement d'un an à quatre ans, quiconque se sera rendu, dans la salle du scrutin, coupable de violence ou d'outrage envers un membre du bureau ou un électeur présent, ou, par voie de fait, aura empêché ou retardé les opérations électorales.

## ARTICLE 80

Sera puni de la même peine quiconque, étant chargé dans un scrutin de recevoir, de compter ou dépouiller les suffrages, se sera rendu coupable de soustraction, addition ou altération de suffrages.

## ARTICLE 81

Sera puni de la même peine quiconque se sera rendu coupable de corruption électorale (1).

Si le coupable est fonctionnaire public, l'emprisonnement pourra s'élever jusqu'à cinq ans et ne pourra être moindre de deux ans.

---

(1) L'aggravation de pénalité que je propose ici est rendue nécessaire par certains faits qui tendent à devenir de plus en plus fréquents et de plus en plus scandaleux. Un des périls de notre société politique, c'est la généralisation possible de ce qu'on appelle maintenant *les élections anglaises*. Pour y remédier, je n'aperçois que deux moyens : la flétrissure par l'opinion publique et la sévérité de la justice. Le législateur ne peut s'occuper que de ce dernier moyen.

A l'emprisonnement indiqué dans notre article, pourra se joindre l'amende dont il est parlé en l'article 85 ci-après.

## ARTICLE 82

Sera puni d'un emprisonnement de six mois à deux ans quiconque se sera rendu coupable de violence, d'intimidation, de fausses nouvelles, bruits calomnieux ou toutes autres manœuvres frauduleuses, en matière électorale.

Si le coupable est fonctionnaire public, l'emprisonnement pourra s'élever à trois ans et ne pourra être moindre d'un an.

## ARTICLE 83

Sera puni d'un emprisonnement d'un mois à un an quiconque se sera rendu coupable de double vote ou de réclamation de double inscription sur la liste électorale.

## ARTICLE 84

Sera puni d'un emprisonnement de dix jours à ix mois quiconque se sera rendu coupable de vote pour autrui, de vote en vertu d'une inscription frauduleusement obtenue ou de demande frauduleuse d'inscription.

## ARTICLE 85

Sera puni d'un emprisonnement de dix jours à un mois quiconque se sera rendu coupable de tapage dans une salle de scrutin ou aux abords de cette salle.

## ARTICLE 86

Sera puni de la même peine quiconque se sera introduit dans une salle de scrutin étant porteur d'armes cachées.

Quiconque se sera introduit dans une salle de scrutin étant porteur d'armes apparentes sera puni d'une amende de dix à cent francs.

## ARTICLE 87

Sera puni d'une amende de vingt à deux cents

francs tout président de bureau qui ne se sera pas conformé aux prescriptions de la loi relative à la tenue du scrutin, sans préjudice des peines plu fortes qu'il pourrait avoir encouru pour infraction à la loi électorale ou autres.

## ARTICLE **88**

Dans tous les cas ci-dessus où l'emprisonnement est prononcé, il pourra être prononcé une amende de cinquante à cinq cents francs si l'emprisonnement est de six mois et au-dessous, de cent à mille francs, si l'emprisonnement est de deux ans et au-dessous, de cinq cents à dix mille francs, si l'emprisonnement est de plus de deux ans.

## ARTICLE **89**

Les infractions prévues par les articles précédents sont jugées par le jury (1), à l'exception

_______________

(1) J'emploie ici le mot *jury* au lieu de *Cour d'assises*, parce que je désire l'extension du jury aux matières cor-

de celles prévues par les articles 86 et 87 qui sont jugées par le juge cantonnal.


### ARTICLE 90

La tentative de toutes les infractions déférées au jury énumérées ci-dessus sera punie d'une peine inférieure de moitié à celle édictée contre l'infraction consommée.


### ARTICLE 91

Lorsqu'il aura été reconnu des circonstances atténuantes au profit du coupable, il y aura lieu aux diminutions de peines réglées par l'article 463 du code pénal.


### ARTICLE 92

En cas de conviction de plusieurs infractions

---

rectionnelles. Mais, actuellement, jury est synonyme de Cour d'assises.

prévues par la présente loi commises antérieurement à la poursuite, la peine la plus forte sera seule appliquée.


## ARTICLE 93


Sont abrogés tous priviléges de juridiction et toute nécessité d'autorisation de poursuites qui pourraient être invoqués par les magistrats, fonctionnaires ou agents de l'autorité (1).


## ARTICLE 94

Lorsque l'action criminelle sera déjà engagée,

---

(1) J'emploie ici volontairement une formule très-générale, dont la conséquence ne serait pas d'abolir seulement ce fameux article 75 de la Constitution de l'an VIII, mais toutes les autres dispositions analogues qui protégent les fonctionnaires de tous ordres.

l'action civile sera portée devant le jury qui statuera sur les dommages-intérêts demandés par la partie civile et, s'il y a lieu, sur ceux demandés reconventionnellement par la partie poursuivie.


## ARTICLE 95


L'action criminelle et l'action civile seront prescrites après trois mois, à partir de la proclamation du résultat de l'élection.


## ARTICLE 96


La condamnation, s'il en est prononcé, n'aura aucun effet quant à l'élection, si cette élection a déjà été validée par les pouvoirs compétents ou si elle n'a pas été l'objet d'une protestation formée dans le délai légal.

## ARTICLE 97

**T**outes les lois électorales antérieures sont entièrement abrogées (1).

---

(1) On remarquera que je n'emploie pas la formule ordinaire d'abrogation : « les lois antérieures sont abrogées » *en ce qu'elles ont de contraire à la présente loi.* » Cette formule fait naître des difficultés inextricables, pour savoir ce qui est contraire et ce qui n'est pas contraire à la loi nouvelle. Les intéressés et leurs avocats soutiennent ce qui leur plaît ; les juges jugent ce qu'ils veulent ; et c'est ainsi que les anciennes lois, venant toujours se combiner avec les nouvelles au lieu de disparaître devant elles, nos codes grossissent indéfiniment, de plus en plus obscurs, au grand détriment du public. Il y a longtemps que le mal est signalé ; il l'a même été dans nos assemblées législatives et cependant la formule vicieuse continue à être employée. Quelle en peut être la cause ? je n'en vois qu'une, la paresse des corps et des individus qui préparent, discutent et votent les lois. Aucun de ces corps ou de ces individus ne se donne la peine de fondre dans le nouveau

projet, comme je viens de le faire dans le mien, toutes les dispositions sans exception qu'on veut maintenir.

Si jamais mon projet ou un autre quelconque terminé par la formule de mon article 97 venait à passer loi, le Code de la matière consisterait uniquement dans cette loi. Bénéfice considérable et facile à obtenir. Il ne faut qu'un peu de travail.

# TABLEAU COMPARATIF

## DU NOMBRE DES DÉPUTÉS PAR DÉPARTEMENT

*indiquant le nombre actuel,*

*le nombre que donnerait l'attribution d'un député
à 100,000 habitants,*

*et le nombre que donnerait l'attribution d'un député
à 80,000 habitants (1).*

| DÉPARTEMENTS | NOMBRE DE DÉPUTÉS | | |
|---|---|---|---|
| | actuel. | par 100,000 h. | par 80,000 h. |
| Ain...................... | 3 | 4 | 5 |
| Aisne..................... | 4 | 6 | 7 |
| Allier.................... | 3 | 4 | 5 |
| Alpes (Basses)............ | 1 | 1 | 2 |
| Alpes (Hautes)............ | 1 | 1 | 2 |
| Alpes-Maritimes........... | 2 | 2 | 2 |
| Ardèche.................. | 3 | 4 | 5 |
| A REPORTER......... | 17 | 22 | 28 |

(1) J'ai préparé le travail de répartition des cantons de chaque
département entre les circonscriptions, tant dans le système d'un député
par 100,000 que dans le système d'un député par 80,000 habitants ; mais
j'ai craint que la reproduction de ce travail ne surchargeât trop cette
brochure.

| DÉPARTEMENTS | NOMBRE DE DÉPUTÉS | | |
|---|---|---|---|
| | actuel. | par 100,000 h. | par 80,000 h. |
| REPORT......... | 17 | 22 | 28 |
| Ardennes ......... | 3 | 3 | 4 |
| Ariège......... | 2 | 3 | 3 |
| Aube ......... | 2 | 3 | 3 |
| Aude ......... | 3 | 3 | 4 |
| Aveyron ......... | 3 | 4 | 5 |
| Bouches-du-Rhône......... | 4 | 5 | 7 |
| Calvados......... | 4 | 5 | 6 |
| Cantal......... | 2 | 2 | 3 |
| Charente......... | 3 | 4 | 5 |
| Charente-Inférieure ......... | 4 | 5 | 6 |
| Cher......... | 3 | 3 | 4 |
| Corrèze......... | 2 | 3 | 4 |
| Corse......... | 2 | 3 | 3 |
| Côte-d'Or......... | 3 | 4 | 5 |
| Côtes-du-Nord......... | 5 | 6 | 8 |
| Creuse......... | 2 | 3 | 3 |
| Dordogne......... | 4 | 5 | 6 |
| Doubs ......... | 2 | 3 | 4 |
| Drôme......... | 3 | 3 | 4 |
| Eure......... | 4 | 4 | 5 |
| Eure-et-Loir ......... | 2 | 3 | 4 |
| Finistère......... | 5 | 7 | 8 |
| A REPORTER......... | 84 | 106 | 132 |

| DÉPARTEMENTS | NOMBRE DE DÉPUTÉS | | |
| --- | --- | --- | --- |
| | actuel | par 100,000 h. | par 80,000 h. |
| REPORT............. | 84 | 106 | 132 |
| Gard ................. | 4 | 4 | 5 |
| Garonne (Haute) ........... | 4 | 5 | 6 |
| Gers.................. | 3 | 3 | 4 |
| Gironde................ | 6 | 7 | 9 |
| Hérault................ | 4 | 4 | 5 |
| Ille-et-Vilaine ............ | 4 | 6 | 7 |
| Indre................. | 2 | 3 | 3 |
| Indre-et-Loire............ | 3 | 3 | 4 |
| Isère ................. | 5 | 6 | 7 |
| Jura.................. | 3 | 3 | 4 |
| Landes................ | 2 | 3 | 4 |
| Loir-et-Cher ............. | 2 | 3 | 3 |
| Loire................. | 4 | 5 | 7 |
| Loire (Haute) ............ | 2 | 3 | 4 |
| Loire-Inférieure............ | 4 | 6 | 7 |
| Loiret ................ | 3 | 4 | 4 |
| Lot.................. | 2 | 3 | 4 |
| Lot-et-Garonne........... | 3 | 3 | 4 |
| Lozère................ | 1 | 1 | 2 |
| Maine-et-Loire ........... | 4 | 5 | 7 |
| Manche ............... | 4 | 6 | 7 |
| Marne................ | 3 | 4 | 5 |
| A REPORTER.......... | 156 | 196 | 244 |

| DÉPARTEMENTS | NOMBRE DE DÉPUTÉS | | |
|---|---|---|---|
| | actuel. | par 100,000 h. | par 80,000 h. |
| REPORT ............ | 156 | 196 | 244 |
| Marne (Haute) ............ | 2 | 3 | 3 |
| Mayenne................ | 3 | 4 | 4 |
| Meurthe ............... | 3 | 4 | 5 |
| Meuse .. ............. | 3 | 3 | 4 |
| Morbihan ............... | 3 | 5 | 6 |
| Moselle ... ......... | 3 | 5 | 6 |
| Nièvre........ ....... | 3 | 3 | 4 |
| Nord .... ...... | 9 | 14 | 17 |
| Oise.... .......... | 3 | 4 | 5 |
| Orne ... ............. | 4 | 4 | 5 |
| Pas-de-Calais ........... | 6 | 7 | 9 |
| Puy-de-Dôme ........... | 5 | 6 | 7 |
| Pyrénées (Basses) ......... | 3 | 4 | 5 |
| Pyrénées (Hautes)......... | 2 | 2 | 3 |
| Pyrénées-Orientales....... | 2 | 2 | 2 |
| Rhin (Bas)............. | 4 | 6 | 7 |
| Rhin (Haut)............. | 4 | 5 | 7 |
| Rhône............... | 5 | 7 | 8 |
| Saône (Haute) ........... | 3 | 3 | 4 |
| Saône-et-Loire........... | 5 | 6 | 8 |
| Sarthe ............... | 4 | 5 | 6 |
| Savoie ............... | 2 | 3 | 3 |
| A REPORTER........ | 237 | 301 | 372 |

| DÉPARTEMENTS | NOMBRE DE DÉPUTÉS | | |
| --- | --- | --- | --- |
| | actuel. | par 100,000 h. | par 80,000 h. |
| REPORT.................. | 237 | 301 | 372 |
| Savoie (Haute-)............. | 2 | 3 | 3 |
| Seine..................... | 9 | 22 | 27 |
| Seine-Inférieure............ | 6 | 8 | 10 |
| Seine-et-Marne ............ | 3 | 4 | 4 |
| Seine-et-Oise ............. | 4 | 5 | 7 |
| Sèvres (Deux-).............. | 3 | 3 | 4 |
| Somme..................... | 5 | 6 | 7 |
| Tarn...................... | 3 | 4 | 4 |
| Tarn-et-Garonne............ | 2 | 2 | 3 |
| Var....................... | 2 | 3 | 4 |
| Vaucluse.................. | 2 | 3 | 3 |
| Vendée ................... | 3 | 4 | 5 |
| Vienne.................... | 3 | 3 | 4 |
| Vienne (Haute-)............ | 2 | 3 | 4 |
| Vosges.................... | 3 | 4 | 5 |
| Yonne..................... | 3 | 4 | 5 |
| | 292 | 382 | 471 |
| Députés élus par application de l'article 35 du projet, à ajouter...... | | 60 | 60 |
| | | 442 | 531 |

VERSAILLES. — IMPRIMERIE CERF, 59, RUE DU PLESSIS.